AMAR
a bioquímica do amor

REAPRENDENDO A AMAR E A SER AMADO

AMAR
a bioquímica do amor

REAPRENDENDO A AMAR E A SER AMADO

HÉLIO COUTO

2ª edição, São Paulo, 2019

Linear B
Editora

2ª edição: 2019

***

AMAR

a bioquímica do amor

REAPRENDENDO A AMAR
E A SER AMADO

***

Rua dos Pinheiros, 1076 cj 52 • Pinheiros
CEP 05422-002 - São Paulo - SP - Brasil
Tel 011 3812-3112 e 3812-2817
www.linearb.com.br

***

Capa
Alice Barbosa

Edição
Linear B Editora

Dados Internacionais de Catalogação na Publicação - CIP

C871 Couto, Hélio.
Amar: a bioquímica do amor. Reaprendendo a amar e a ser amado. 2ª edição / Hélio Couto. - São Paulo: Linear B Editora, 2019. (Coleção Metafísica). 64.p.

1ª Edição - São Paulo: Linear B Editora, 2014.
ISBN 978-85-98232-84-3

ISBN 978-85-5538-253-6

1. Metafísica. 2. Causalidade. 3. Harmonia Cósmica. 4. Desenvolvimento Pessoal. 5. Mecânica Quântica. 6. Ressonância Harmônica. 7. Relacionamento Afetivo. 8. Espiritualidade 9. Teoria do Conhecimento. 10. Motivação. I. Título. II. A bioquímica do amor. III. Reaprendendo a amar e a ser amado.

CDU 111 **CDD 110**

Catalogação elaborada por Regina Simão Paulino - CRB-6/1154

AMAR
a bioquímica do amor
reaprendendo a amar e a ser amado

NESTE LIVRO trataremos de dois temas: relacionamentos afetivos e espiritualidade.

Relacionamento, atualmente, é algo muito complicado, porque estamos, basicamente, debaixo do Princípio da Incerteza de Heisenberg, o qual diz: não podemos ter a posição da partícula e a velocidade ao mesmo tempo. E é isso que está acontecendo nos relacionamentos, temos a posição diferente do *momentum*, isto é, uma pessoa está na posição e a outra está no *momentum*, ela tem uma velocidade. Isso está acontecendo muitas vezes, principalmente, nos relatos de terapia.

Você encontra uma pessoa e durante certo tempo funciona porque aquela pessoa está parada, ela tem uma posição, só que o outro – seja homem ou mulher, não importa isso – tem *momentum*, tem velocidade. Então, um está parado e o outro vem caminhando, chega uma hora em que, mais ou menos, as frequências "batem", os interesses e tudo mais, e depois aquele que continua crescendo vai se distanciando. Assim, posição e *momentum* não "batem", isso é o que torna os relacionamentos incertos, o Princípio da Incerteza.

Vai durar eternamente? Aquela coisa de "até que a morte vos separe" ficou muito complicada, pelo menos nos dias atuais, porque a velocidade de crescimento das pessoas varia muito.

É muito difícil os dois crescerem ao mesmo tempo e haver um *momentum* igual para os dois. Onde as duas pessoas cresceriam. Isso é muito difícil, por quê? Por causa do paradigma. Se um dos dois está no paradigma antigo e o outro no novo, já há uma diferença absurda de frequência.

Observo que tenho que partir do pressuposto de que há certo entendimento para falarmos de um patamar para cima, senão vou ouvir, "ah! Foi repetitivo", mas tem que ser repetitivo, às vezes, para que a "ficha possa cair". É difícil mudar o paradigma, mesmo vinte, trinta, cinquenta vezes depois.

As pessoas insistem em ficar com esse mundo de aparência, material, sólido, de massa, recusam-se a entender que nada disso é real, que tudo isso é uma onda e que deve ser tratado como onda. Tudo é uma onda, portanto não há solução se não for tratado como onda.

Normalmente deveria haver um crescimento igual entre homens e mulheres se o paradigma fosse o mesmo, se o hemisfério direito dos homens estivesse funcionando perfeitamente, se não houvesse bloqueios emocionais como o de levantar um escudo e não se deixar ter emoção alguma. Vejam que são muitos "se" para que a coisa possa funcionar. Temos essa situação um tanto quanto difícil de ter que fazer os relacionamentos darem certo.

Quando as pessoas vêm falar comigo, elas esperam uma mágica, uma magia, que tudo vá funcionar, que tudo fique muito bem, que sejam felizes para sempre, e isso é difícil. Por quê?

Porque a *Ressonância* transfere *n* in-formações, a certa frequência. Essa frequência entra na pessoa e exponencia mais ainda, vai colocando conhecimento atrás de conhecimento, cursos, habilidades, vocações, *n* arquétipos etc.

Tudo é in-formação. Tudo que existe, existiu e existirá em qualquer dimensão, em qualquer Universo, é pura in-formação.

A in-formação não desaparece nunca, nem a in-formação que "cai" no "buraco negro" não some, quanto mais um curso de *MBA*, o Manual do PIS (Programa de Integração Social), da Caixa Econômica Federal e assim por diante. Qualquer informação existe para o resto da eternidade. E tudo isso é Mecânica Quântica. Tudo isso não é metafísica, não é esoterismo, não é magia, é pura física.

Acontece que há fronteiras que se reluta em ultrapassar porque as consequências são enormes. Então, tudo aquilo que vai mexer com o *status quo* tem uma resistência feroz, tanto ao nível institucional, quanto pessoal.

Se não fosse assim, as pessoas que fazem a *Ressonância* em um mês teriam um salto gigantesco.

Certa vez eu tive um depoimento. A pessoa disse que a mãe teve um resultado em três dias. Existe algo de especial com essa pessoa? Não, ela é absolutamente igual a todos nós, só que essa pessoa não está resistindo devido aos traumas, bloqueios, tabus, preconceitos, zona de conforto, autossabotagem e paradigma. Imagina isso nos relacionamentos, que é preciso abrir a mente para poder ter resultados.

Mecânica Quântica é resultado, senão não adianta, não interessa. Ciência que não dá resultado, não importa. O que adianta falar de Mecânica Quântica se não tivéssemos luminárias, se não funcionasse o celular, internet, bilhete único do metrô, passe livre no pedágio, satélite, bomba atômica e tudo mais? Toda essa parafernália eletrônica é Mecânica Quântica, então queremos resultados.

Resultado é a coisa mais simples de se obter no Universo, porque o Universo está debaixo de, ou é feito de, leis. Dessa forma, tudo tem leis, regras, é uma ordem implícita no Universo. Temos Leis Econômicas, Psicológicas, Sociais,

Físicas, Químicas e assim por diante, todas as áreas, todas as Ciências, tudo tem suas regrinhas que são inerentes ao sistema em que está organizado. Sistema dentro de sistema, cada nível tem suas regras, suas leis e o relacionamento não poderia fugir disso.

O que é um sentimento ou uma emoção? É pura bioquímica. Tudo que você sente, tudo que você pensa, tudo que você faz – seu comportamento – é produto, é resultado de bioquímica, neurotransmissores. Você tem dopamina, serotonina, endorfina e muito mais. A junção disso é uma receita de bolo: *x* por cento de dopamina, *x* por cento de serotonina, *x* por cento de endorfina e assim por diante. Forma uma receita que resulta em bolo de chocolate, se a fórmula estiver correta. E, como todo bolo, precisa de vinte, trinta ou quarenta minutos no forno para que fique bom. Se você colocar toda a massa lá, o leite, o fermento, e colocar por dez minutos no forno, não tem bolo. Por cinco minutos, não tem bolo. Agora, se você usar a receita corretamente, quarenta minutos na temperatura *x*, tem bolo.

Relacionamento é a mesma coisa. Isso se aplica para todos nós, seres biológicos, computadores biológicos – que é o que nós somos. Nós processamos informações também no nível biológico – nós produzimos o tempo todo substâncias químicas que os neurônios usam para conversar uns com os outros, os neurotransmissores e hormônios. Essa fórmula que é criada o tempo inteiro gera neuroassociações, quer dizer, você associa alguém, um produto, uma marca com um estado emocional *x*. Além disso, nós temos os arquétipos, uma palavra complicada, um conceito mais ainda, mas que é o fundamento do Universo. Tudo o que existe no Universo é formado por arquétipos.

Arquétipo é a ideia primordial, conforme Platão falava. O Universo inteiro é pura consciência. Para que possa ter existido alguma coisa, alguém teve que pensar; tudo foi pensado. É impossível surgir algo "do nada". Então, quando se fala que vácuo não é nada, não é ausência de alguma coisa. Vácuo Quântico é tudo, é o *plenum,* cheio de potencial.

Portanto, para que se tenha um sentimento, precisa de uma fórmula química e de tempo; sem isso não há base para nada. É por isso que a maioria absoluta dos relacionamentos não dá certo, porque ainda não há uma química construída para que se tenha a base, alguma base, pelo menos, durante algum tempo (*momentum*), alguma possibilidade.

Vejam que o negócio é grave, é complicado, precisa formar a química. Então, quando você "bate o olho" na pessoa e fala: "deu química", é claro que deu química, porque só essa interação de inconsciente, de captar a onda do outro, já provoca uma simbiose que você sente se tem ou não tem chance, se é agradável, se tem simpatia e tudo o mais. Isso já é um bom sinal, mas é só o começo. Em questão de quinze segundos você já sabe, se você olhar uma pessoa, se é viável ou não.

É muito difícil selecionar alguém tendo três bilhões e meio de pessoas do lado oposto (metade da população)? Não é difícil. Não é, porque você tem contato com poucas pessoas e em quinze segundos você é capaz de avaliar se é interessante ou não é interessante. Uma conversa de quinze minutos já é suficiente para saber se serve ou não serve, se tem algum futuro, se tem viabilidade ou não. Em quinze minutos! Isso você já vai fazer com o número mínimo de pessoas, pois a grande maioria da base da pirâmide você já exclui nos quinze segundos. Com aqueles que você acha que tem alguma viabilidade, vai gastar quinze minutos.

Bom, ainda vai levar um tempo para que se forme a química, se forme o bolo de chocolate, levará meses, dois, três, quatro, cinco, seis, dez, dezoito, trinta e seis, cinco anos, dez anos.

Às vezes, gasta trinta anos de casamento e depois se separa, porque trinta anos não foram suficientes para fazer a química, pois foi feito tudo errado.

Para que se possa formar a química, a neuroassociação, entre duas pessoas, é preciso que uma pessoa o veja, por exemplo, e o cérebro fabrique dopamina, serotonina, endorfina, norepinefrina etc., e o seu também, vice-versa, é bidirecional.

Mas o que acorre é: uma pessoa x olha para outra e faz dopamina e você olha para outra pessoa y e faz dopamina com essa outra pessoa, sendo que a primeira, x, está fazendo dopamina com a outra. É o que acontece com a maioria, não é mesmo?

Não é assim que acontece? Um gosta do outro, que gosta do outro, que gosta do outro, e nunca existem dois que gostam um do outro. Isso é o mais difícil de acontecer, pois não dá tempo de gerar toda essa substância. Faz-se necessário tempo. Lembra? É uma fórmula química e toda fórmula química precisa de tempo.

Quando você coloca na proveta precisa de tempo para haver uma reação atômica, molecular, para que as moléculas se juntem e formem uma terceira coisa. Esse tempo não pode ser medido em minutos, em meia hora, uma hora, duas horas, três horas, que é o tempo de uma balada. É literalmente impossível.

O que acontece? Nesse tempo minúsculo, só acontece atração sexual. Fim. Só isso. Não tem química alguma, portanto algo baseado só nisso dura pouquíssimo tempo. Se quisermos algo mais sólido, que tenha alguma probabilidade, posição e *momentum*, precisamos de meses e meses e meses para gerar química. E, normalmente, um deles está parado e o outro em grande movimento, porque um dos dois assumiu o controle de gerar essa química. Muito difícil as duas pessoas fazerem isso. E praticamente, ninguém sabe disso.

Esse assunto é muito difícil de ser captado, devido ao paradigma. As pessoas relutam bravamente em aplicar uma metodologia, por mais científica que seja, porque precisa gastar tempo e dará trabalho. E tudo que dá trabalho o ser humano abomina. Zona de conforto.

Para gerar essa dopamina, serotonina, endorfina e tudo mais, é preciso conversar de determinados assuntos usando determinados arquétipos. Cada arquétipo provoca a produção de determinado neurotransmissor, unidirecional, o arquétipo *x* provoca o neuro *y*, o *z* provoca o *b*, e assim por diante. Você precisa criar uma neuroassociação no outro, tanto de dopamina, tanto de serotonina, tanto de oxitocina, e assim por diante. Assim, precisa encontrar o ponto certo de cada substância dessas, porque cada neurotransmissor provoca um estímulo.

Dopamina provoca força e coragem. Serotonina e endorfina são alegria e felicidade. Por isso, você não pode somente falar sobre arquétipos que geram serotonina, porque aí vocês dois vão dar muita risada e não vai acontecer nada. Fica todo mundo feliz, todo mundo ri muito e é a mesma coisa que assistir a uma comédia na televisão. Pode assistir a Woody Allen, vão se divertir bastante, tudo pode dar certo como está lá passando, mas não vai gerar nada, porque precisa de oxitocina e dopamina.

Oxitocina é o que gera vínculo emocional entre as duas pessoas. Sem esse hormônio, esqueça, não tem vínculo. Então, para manter a pessoa no seu campo de atração, tem que ter oxitocina e isso precisa de tempo. Durante essas conversas que começam com os quinze minutos – vamos supor que passou pelos quinze minutos – marca-se qualquer coisa, como um café, um *shopping*, qualquer coisa que se possa conversar. CONVERSAR.

No cérebro tem dois caminhos neurais para relacionamentos afetivos, caminhos opostos. Se você tomar o caminho da esquerda não gera a receita do bolo, se você pegar o da direita – é mera metáfora – vai gerar a receita do bolo, quer dizer, vai fabricar os neurotransmissores e vai criar essa vinculação. Adivinha? Que atitude você toma, para que o caminho da esquerda, por exemplo, não gere nada? Lembra? Precisa de tempo. O caminho da esquerda é muito curto; se tiver atividade física imediata o cérebro sai pela tangente e fim, vai ficar só nessa fase, digamos, sexual e não vai mais para o outro lado. Toda vez que você encontrar a pessoa, o seu cérebro já ramifica por esse caminho e não gera a produção dos neurotransmissores para fazer o "bolo" do sentimento.

Resultado, não pode ter essa atividade antes do tempo, é preciso deixar o cérebro fabricar lenta e gradualmente conforme vai dando estímulos, estímulo-resposta bidirecional. É um jogo de xadrez, depois de certo tempo dá para começar a medir se o resultado está sendo correto, porque você nota nas reações que a pessoa tem: comportamento, gestos, olhar, expressões. Você nota se está tendo correspondência ou não.

Essa correspondência é a produção dos neurotransmissores. Significa que o sentimento é, praticamente, inevitável se for feito da forma correta, cientificamente. É o protocolo de procedimentos, se fez corretamente, tem sentimento. Não fez corretamente, não tem.

É a coisa mais banal que existe, depois que se entende. Enquanto não se entende, é uma "caixa preta" e fica um drama todo da humanidade.

Até que o relacionamento seja entendido em massa, no planeta inteiro, será um drama.

Ocorre que há muitas pessoas que gostam de drama e quem gosta não vai aplicar nada disso que estamos abordando. Quem quer resultados, com certeza, só terá esse caminho.

Isso foi fruto de *n* pesquisas, tanto na área de psicologia, bioquímica, quanto genética. Não tem margem alguma de erro nisso. Da mesma maneira que se constrói, se desconstrói. Para você saber se essa fórmula funciona, é muito simples, mas, como sempre, o ser humano gosta muito de destruição, e quando nós falamos: "constrói, visualiza, mentaliza que o carro vai aparecer na garagem, tenha paciência, solta." "Não, aí é muito difícil", ele fica lá olhando se o carro chegou na garagem.

No relacionamento ocorre o mesmo. É preciso dar um tempo para que a fórmula entre no ar.

Agora, para desconstruir é a mesma coisa, é tão fácil quanto, ou até mais. Se o sentimento é *x* por cento de dopamina, serotonina, endorfina etc. e cada neurotransmissor produz certo sentimento, o que acontece se você quebrar a fórmula? Se em vez de 18% de dopamina você tiver 15%, em vez de 30% de serotonina você tiver 20%? Você quebrou, não tem mais bolo de chocolate, o sentimento muda.

No início, é uma amizade que vai crescendo. Isso não é salto quântico, isso é linear, porque está pingando as gotinhas de dopamina e serotonina e o sentimento vai lenta e gradualmente, vamos supor com 10% de inclinação. Ele crescendo continuamente por um mês, dois, seis, dez....

Isso acontece muito nos escritórios, todos os dias, e as pessoas não sabem como aconteceu. Aí vira aquele drama todo. Mas como é que se vai administrar isso, não é? Porque em um escritório você está do lado de uma pessoa durante oito, dez, doze horas por dia falando de faturamento, estoque, qualquer assunto serve. É aí que mora o perigo, por quê? Porque qualquer assunto serve. Lembra? *Momentum* é velocidade. Você vai um dia, um mês, seis meses, um ano, cinco anos, dez anos. Nós falamos dez anos e todo mundo deve estar dando risada, mas você fica quanto tempo em uma empresa? Tem pessoas que ficam trinta anos em uma empresa, com trinta e cinco se aposentam e continuam trabalhando. Então imagine que tenha duas pessoas em uma empresa, na mesma sala, que estão há vinte anos, vinte cinco anos, trinta anos falando de faturamento o tempo inteiro.

Depois de trinta anos de convívio, um casal vai se separar e o filho sugere ao pai: "por que você não fala para ela que a AMA?" O pai fala e acaba a separação. Por quê? Essa palavra, que é um arquétipo, gera oxitocina e pronto, resolvido. Faltava, estava quebrando a fórmula, e voltou a construí-la. Assim, quando se desconstrói, que é o que estava acontecendo na casa desse casal, param de ser colocados os arquétipos que criam a dopamina, serotonina, e endorfina, a fórmula se desfaz, o chocolate vai virando uma pasta no forno. Percebe-se que é muito simples tanto criar, quanto descriar.

As possibilidades de conversa são infinitas. Antes que alguém pergunte "qual é o manual? Qual é a lista das coisas que temos que dizer para criar isso?", eu posso dar alguns exemplos, mas isso varia de situação, de momento, do entorno, das possibilidades, da avaliação mútua. Isso é um jogo de xadrez. Não é jogo de paciência, que você joga sozinho com o baralho.

É um jogo de xadrez, porque você dá um estímulo, o outro tem uma resposta, imediatamente. Ele pode pôr um estímulo e você dá uma resposta.

É mais ou menos, digamos como no velho oeste, um duelo de quem atira primeiro.

Por que é necessário entender e apreender este assunto? Porque não existe defesa para a produção dos neurotransmissores quando dado o estímulo correto. Se eu falar uma palavra-chave para determinada pessoa, ela produz dopamina de qualquer forma. A pessoa não tem como evitar isso. É estímulo-resposta e quem vai produzir isso é o subconsciente dela, então, antes que ela possa pensar que ouviu a palavra, ele já produziu, já está na corrente sanguínea e ela já está sentindo.

Imaginem que isso é uma arte, além de ser ciência. É uma arte porque as infinitas possibilidades de aplicação disso é que geram o estado da arte. Significa que se você cruzar no *shopping* com alguma pessoa e "bater" o olho nela, em quinze segundos já sabe se é para você ou não. Na verdade, em três segundos já se tem uma pré-avaliação no inconsciente. Quando você "bate" o olho, em três segundos, já é suficiente, porém para o neocórtex processar tudo, ele é bem mais lento, vai precisar dos quinze segundos. Mas vamos supor que nos quinze segundos que ele "bateu" o olho em você, já decidiu que é você o alvo no momento.

Lembre-se de que neste mundo, no planeta Terra, tem todo o tipo de pessoa, tem desde coelho, zebra, guepardo, tigre, leoa, tartaruga, cachorro etc., portanto, no Serengueti, se a Zebra não é esperta, ela vira almoço fácil.

É por isso que temos que entender deste assunto, senão será uma vez, duas, três, dezoito, cento e cinquenta vezes; é muita decepção. E cada uma dessas decepções é um negócio difícil de ser administrado.

Existe uma fórmula química em relação ao fulano, precisa desfazer essa dopamina, serotonina, rapidamente, porque caso contrário você fica esperando ele voltar durante vinte, trinta anos.

Se você inicia uma conversa com uma pessoa, vamos supor que a outra pessoa seja mais rápida que você e agiu mais rápido. Se ela colocou os comandos, falou as palavras-chaves, contou as histórias corretas e gerou mais rapidamente a dopamina em você do que você está conseguindo gerar nela, se você não conhece esse assunto, a sua chance de gerar alguma coisa no outro é praticamente zero, porque não sabe o que falar. Senta para tomar um café em um *shopping*, tomar um lanche, e conversa sobre o quê? Se não souber o que vai falar, você fala sobre um monte de generalidades que não significam nada, são arquétipos fraquíssimos. Então, aquele "papo furado" não vai levar a nada mais. Só que o outro sabe o que está fazendo, ele está falando, exatamente, o que ele quer ter de resultado no seu cérebro.

Em uma conversa banal sobre futebol, sobre química, o vazamento de petróleo no México, a Copa do Mundo, roupas femininas, cosméticos, Tarot, magia, mágica, cabeleireiro, qualquer coisa serve, cinema, teatro, literatura, filme, ator. São infinitas as possibilidades de se colocar o estímulo, mas não existe uma regra que você possa ter no bolso para consultar. "Ele falou isso, agora vou lá consultar o que eu respondo."

Não dá para ficar ligando para mim em tempo real: "ele falou isso. Agora eu respondo o quê?" Isso acontece. Eu recebo *e-mails* com relatos imensos, a pessoa grava a conversa do aplicativo de mensagem e passa para eu analisar e ver o que está dando errado. Questiona por que motivo ele está agindo "assim ou assado". "Eu estou tentando colocar um comando nele e ele não reage ou ele está fazendo tudo errado." Eu disseco o *e-mail*, respondo, mostro todas as besteiras que, normalmente, a pessoa está fazendo – porque é lógico que, se a pessoa está colocando um estímulo e não tem resposta, está fazendo errado. Muito bem, eu oriento, digo como fazer e adivinha? Depois tem o próximo *e-mail* e relata o que fez, e está tudo ao contrário do que eu falei. Se seguisse, não teria margem para errar. Deve-se utilizar a intuição, esta é uma luz vermelha que pisca o tempo todo. Tem que sentir. Você tem que fazer uma autoanálise o tempo inteiro, como uma janela aberta, processando o tempo inteiro, é um sistema operacional, para saber o que você está sentindo. Assim que a pessoa começa a conversar com você, em quinze minutos, meia hora ou uma hora, a pessoa é capaz de, imediatamente, colocar uma história, um estímulo que nem daqui a vinte anos você conseguirá desfazer se não entender do assunto.

Tem um caso de um médico que fez um teste. Ele tinha uma paciente, contou uma história para ela e foi embora. Resolvido o problema médico, ela foi cuidar da vida dela. Depois de quinze anos, eles se reencontraram em um restaurante, cumprimentaram-se, e ele pôde fazer o teste que queria: ele falou uma palavra-chave *x* e ela se comportou exatamente da maneira que ele tinha programado. São quinze anos depois, sem ver a outra pessoa. É um caso real. Não existe limite de tempo, de idade para isso. Posto o comando, é *ad infinitum*, não tem nada que impeça, fica em um subprocessador o tempo todo. Assim que você ouvir a palavra-chave, você terá determinadas atitudes. Isso é muito útil quando se quer usar a mente humana para o lado negativo da força. Imagine as possibilidades disso. Infinitas possibilidades, como se fala em Mecânica Quântica.

A onda que entra em nós colide, gera interferência construtiva, nós assimilamos a onda. A onda porta uma in-formação e essa in-formação entra em nosso inconsciente, fica armazenada e nos provoca uma reação, uma ressonância. Entramos, então, em fase, a onda entra em fase, as duas ondas com a informação recebida, e isso faz com que nos comportemos de determinada forma. Essa informação entrou em nós, literalmente, atomicamente, no mais profundo nível. E depois que a informação entrou, ela não sai nunca mais, passou a fazer parte da pessoa.

Como a maioria não sabe que existe isso, a maioria não sabe o que falar, fala muita bobagem, muita abobrinha, como se diz, não existe resultado algum em termos de relacionamento, porque não se sabe o que vai dizer.

Agora imagine uma situação: você encontra uma pessoa, pela primeira vez, e fala do tempo e, por acaso, vamos supor que você esteja ao ar livre, em uma praia, você fala que gosta de ir à praia porque tem muita Borboleta. Fim. Você não fala mais nada, você só fala isso, termina a conversa e os dois se despedem. Um ano depois você reencontra a pessoa, um dos dois voltou para casa, terminou um casamento, acabou, ficou livre, volta ao mesmo lugar para passear de novo e reencontra aquela pessoa que tinha falado da Borboleta um ano antes, e passa a ter um caso ou um relacionamento com essa pessoa. Levou um ano para ter esse resultado, durante esse um ano, um não falou com o outro porque não sabiam onde moravam – nem o nome do outro deviam saber –, eles só se encontraram casualmente, uma única vez, trocaram meia dúzia de palavras e foram embora.

Isso ocorreu, porque Borboleta é um arquétipo de transformação. Quando se fala isso para alguém, coloca-se um comando, um estímulo de transformação. É um estado da arte, não é uma coisa banal, é preciso pensar, é preciso raciocinar. Dá trabalho.

Se se tem um namorado que está meio empacado, não quer estudar, não quer trabalhar, não quer fazer mais nada da vida, a namorada vem e fala de Borboleta para ele. Ela liga, ele atende e ela fala: “olha, eu hoje tive um sonho, você não sabe, eu sonhei com um monte de Borboletas.” Falaram de outras coisas e desligaram o telefone. Passa uma semana ou duas, ele termina o namoro com ela. Ele chega e fala: "agora eu vou estudar, fazer concurso etc., e vamos terminar."

Quando se coloca o arquétipo é preciso saber, exatamente, com quem você está fazendo, qual é a história, o entorno, dentro de que história você está colocando a Borboleta. A Borboleta é um arquétipo, mas você precisa colocar dentro de um contexto para ter o resultado que você quer.

A mulher citada acima fez com que um casamento chegasse ao fim porque mencionou a Borboleta e a outra perdeu o namorado porque falou na hora errada. Ela não poderia ter falado que teve um sonho, ela tinha que ter colocado dentro de uma história para que a Borboleta provocasse outra reação, que ele ficasse todo entusiasmado e provocasse todas as transformações para ficar com ela. Isso não pode ser jogado assim, ao léu, pegar o arquétipo e falar.

Não seria mais fácil ela falar para ele: "eu quero que você mude, que você estude, que você trabalhe, que você ganhe dinheiro, que você evolua, mas que fique comigo"?

Resposta: não. Não é. Podemos fazer até uma pesquisa – quantas mulheres já falaram isso e que resultados obtiveram?

Não acontece absolutamente nada. Isso não funciona. Além do que, a primeira regra de vendas: nenhuma venda direta funciona. Toda venda tem que ser indireta. Indireta. Só a venda indireta funciona. "Compre este liquidificador, compre esta televisão, vote neste candidato." Você faz isso? Você não faz. É uma imposição, a pessoa está violentando o seu livre-arbítrio, com aquelas coisas todas. Agora, se eles colocam nos comerciais *n* afirmações sobre as maravilhas do produto, ou em um computador, ao lado de *n* mulheres seminuas. Aliás, todos os produtos são mostrados com mulheres seminuas, devido à escala das necessidades de Maslow. É possível fazer o que quiser com mídia, com *marketing* e propaganda. Com arquétipos se vende qualquer coisa. Nos relacionamentos é mesma coisa.

A águia é o arquétipo mais poderoso que existe, dopamina pura o tempo inteiro, e dopamina é algo que dificilmente as pessoas têm em quantidade ideal. Dificilmente, senão o mundo não seria o que é, porque dopamina é ação, coragem, força, é fazer, é elevadíssima autoestima.

Onde você encontra isso? Em meia dúzia de pessoas, o topo da pirâmide. Pouquíssimas pessoas têm a dopamina em um nível ótimo. Mas o resultado da dopamina é tremendo, o poder que tem essa substância em nós é imenso, quando eu explico sobre a águia e faço muitas advertências de como usar e de como não usar, para evitar grandes danos. E muitas vezes não adianta, porque se subestima o que foi falado, o tamanho do poder que tem esse arquétipo.

A pessoa chega, compra uma foto, um pôster de 60 cm de uma águia ou uma estatueta, põe lá na parede ao lado da televisão na sala e o marido fica assistindo, três horas e meia por noite e no mínimo, seis horas no fim de semana. Uma semana depois ele vai embora. Já tive dois casos que me relataram; em sete dias cravados vai embora. Quando a pessoa pergunta: "posso colocar?", a primeira questão é: "como está seu relacionamento ou seu casamento? Está tudo bem? Certeza? Tem certeza mesmo? Se tem, então coloca, coloca e vê o resultado." Em sete dias foi embora porque bioquímica é matemática pura, não tem como fugir disso. A visão paralela periférica da pessoa está captando a águia e está fabricando dopamina sem parar. Enquanto você estiver vendo a águia você fabrica, enquanto estiver escutando você fabrica, por isso é que em todos os Impérios, em todas as potências, adivinha, qual é o símbolo deles? A águia. Porque para ser um Império você precisa que o povo tenha elevadíssima autoestima, vontade de lutar, de batalhar etc., senão você não consegue.

Se a pessoa quer a transformação para si mesma, claro, basta colocar o arquétipo desejado para que dê o resultado específico. Mas se todas as pessoas virem aquilo ou qualquer pessoa vir uma foto, um pôster de águia, uma estátua em uma casa, todas as pessoas crescerão. Todas mudarão. Todas evoluirão. Todas se mexerão. Portanto, independe de saber disso, de ter estudado, do grau de estudo, independe de qualquer coisa.

Lembram que o arquétipo é o projeto do Universo? Quando se criou o Universo, criaram-se os arquétipos, isso tudo é um planejamento, não foi por acaso. "Por que a águia faz dopamina? Por quê?" Esquece o porquê! Isso foi programado, isso foi planejado, isso foi criado, então é assim e fim.

A simbologia que a pessoa usa é o resultado que ela tem na vida, você pode conferir em casa. Claro, tem outros fatores, são muitas variáveis atuando, mas é lógico que o emocional é importantíssimo. Se você tiver, por exemplo, diversas vacas na cozinha, vaca sentada, vaca de pé, vaca de tudo que é jeito, como tem, atualmente, nas lojas de móveis, é um tanto complicado. Qual é a emanação desse arquétipo para você? O que você capta e qual vai ser o resultado na sua vida? Se você pegar a simbologia, e simbologia não é de que material é feito, se é de ouro, prata ou outro material.

Vá à comunidade – conjunto habitacional – entre na sala das pessoas e observe o que possuem de bibelô, quadrinhos etc. Vá a uma casa de classe média, Morumbi (*bairro em São Paulo*), ao Bairro Jardim (*bairro do município de Santo André, SP*), e dê uma olhada no que eles têm; ou pegue uma revista e veja os quartos, as casas das pessoas com maior poder aquisitivo, dê uma olhada na decoração. O que eles têm? Verificando a decoração você sabe quem é quem, porque o seu emocional é produto do estímulo que você está recebendo. Por isso a simbologia é algo importantíssimo e também faz parte do chamado oculto.

Pato é o obvio, pato é comida, é o otário.

Quando tem uma charge com um bando de ratazanas saindo de uma prefeitura qualquer, precisa analisar mais alguma coisa? Não, o próprio símbolo diz: você não consegue associar rato com nada positivo, porque é horrível, é um dos piores que existem. A vaca é péssima porque é um animal de corte, arrasta arado etc.

E tartaruga? Se a sua vida for uma vida de tartaruga como é que você fica? Porque você vai incorporar, queira ou não queira, o símbolo que você usa. Se não fosse assim as empresas não gastariam fortunas nos logotipos, não é verdade? Ninguém gastaria fortunas em uma marca, mas você tem marcas de dez bilhões de dólares, cinquenta bilhões de dólares. E a fábrica? São todas as fábricas da empresa? Não. É só o símbolo. Só a marca vale dez bilhões de dólares. Por quê? Porque aquela marca, aquele logotipo provoca uma reação *x* no consumidor e aquilo colocado na beira de um campo de futebol na Copa do Mundo garante uma audiência de três bilhões de pessoas.

O que se coloca na beira de um campo de futebol? Só arquétipos. Ninguém vai colocar uma coisa escrita, feita de qualquer maneira, porque é jogar dinheiro no lixo e, aliás, aquilo custa muito caro. Pegam-se milhões de dólares para colocar ao lado do gol, em um ponto estratégico, porque é garantido o resultado que aquilo faz na mente das pessoas. Não dá para menosprezar um assunto desses.

Antes da Segunda Guerra Mundial, foi feito um estudo de psicologia na Alemanha e os psicólogos testaram o seguinte: "se nós colocarmos tal estímulo em uma sessão de cinema, assim que terminar, a plateia quebra o cinema inteirinho, depreda o cinema." Eles já sabiam disso, mas eles fizeram mesmo assim, só para ver o resultado. Eles colocaram o estímulo, terminou o filme e eles quebraram o cinema inteirinho. Perceberam?

Imagine a manipulação de massa e o que dá para fazer se você souber qual arquétipo colocar, é lógico, se tiver os meios para fazer isso, se tiver televisão, rádio, jornal, *outdoor*, cinema, imprensa. Se tiver os meios para colocar, o que você não é capaz de fazer? Qualquer coisa, porque o resultado é automático, entra no seu subconsciente e você reage. O mais forte é o que está no topo da cadeia alimentar.

E todas as aves seriam um bom arquétipo, porque representam liberdade?

Você pode ter um bando de patinhos voando. Quando você entra para trabalhar em uma montadora de automóveis, você recebe um manual de procedimentos dentro da empresa com as orientações do que você pode fazer lá dentro, ligar para quem, ramais e tudo o mais. Assim que você abre a primeira página tem um bando de patos voando em formação. Patos voando significam o quê? Aqui dentro você é um pato. Pato. Você não é águia, aqui não tem águias, aqui só tem patos. Pois é, então a empresa não precisa falar nada, com uma página ela já o enquadrou e já disse: "olha, você pode ir daqui até aqui? Nem ouse!"

O símbolo está diretamente relacionado com o resultado que nós queremos: se usar um símbolo fraco, o resultado será fraco.

Tigre é ação, é o único abaixo da águia – abaixo da águia tem os felinos, menos o leão, porque leão não caça, quem caça é a leoa. É preciso avaliar muito bem o arquétipo que se está usando.

Imagine que em uma conversa com o futuro namorado você começa a falar de tudo isso. Se você falar de tigre, a dopamina dele vai subir em graus altíssimos, e que reação você quer? Você precisa que ele fique quieto pelo menos três, seis, nove, dez meses, um ano calmo, calmo para você poder contar todas as histórias e poder puxar toda a informação dele. Você acha que alguém vai dar um *curriculum* em uma hora, em dois dias, em um mês?

Primeiro você precisa falar de todas as generalidades para a pessoa baixar um pouco o escudo e poder achar que pode conversar com você.

Mas, vamos voltar um pouco, quem entende do assunto, na primeira conversa de quinze minutos, em meia hora ou uma hora já encadeia a próxima conversa. Esse é um erro tremendo que se comete. "Oi, oi, o que você está fazendo aqui? Olha o Sol, olha a chuva, tchau." Sabe quando isso vai retomar? Nunca. A não ser que trabalhem na mesma empresa, a não ser que sejam vizinhos, mas fora isso, a chance é zero. Na primeira conversa já é preciso colocar um assunto, uma história que encadeie o próximo encontro, que forçosamente tenha que acontecer isso, que haja uma necessidade urgente e premente de falar com o outro ou com a outra. A pessoa vai embora e não sossega mais enquanto não voltar a falar com você.

Você, em um Universo, em que de um lado tem três bilhões e meio, de outro lado mais três bilhões e meio. Portanto, há vinte milhões de pessoas na Grande São Paulo, dez milhões de cada lado. Se você deixar em aberto, sabe qual é a chance que você tem, com mais milhões procurando alguém? Praticamente zero.

O pato é a vítima, o fraco, é um péssimo arquétipo. Lá dentro da empresa, o que será de você? O presidente e a diretoria são o quê? Na sala dos diretores só tem cavalos, pode prestar atenção onde você trabalha. Nenhum diretor, nenhum gerente ousa colocar mais do que cavalos na parede do escritório.

Quem é que tem águia? O presidente. É o único que tem arquétipo de águia na sala dele. O resto, diretores que têm aviões da empresa à disposição deles, têm cavalos.

E eu já conversei com pessoas que perderam um excelente emprego da noite para o dia sem causa alguma. E posteriormente entenderam o motivo: seis meses antes tinham ganho uma estátua de águia e colocado em cima da mesa; seis meses depois perdeu o emprego.

A professora foi trabalhar e pôs uma águia embaixo do vidro da escrivaninha da mesa dela. O diretor passou, olhou e falou "vem cá", foi até a sala e a exonerou. A outra tentou ser mais esperta, colocou a foto da águia dentro da gaveta pessoal, na escrivaninha, na gaveta de pertences pessoais. Adivinha? O chefe foi lá, abriu a gaveta, olhou a águia e a demitiu. A outra era concursada, foi mandada para bem longe. A anterior, que era contratada em regime CLT (*Consolidação das Leis Trabalhistas*), foi demitida.

Quando seu filho vai fazer uma entrevista para emprego no setor de Recursos Humanos, sobram três ou quatro pessoas e a entrevistadora pergunta para os candidatos: "que animal você seria?" O filho de uma aluna minha – a mãe chegou em casa às dez horas da noite, toda alegre e feliz da vida e disse "ai, você não sabe o que eu escutei, a águia é o melhor que existe" –, chegou de manhã, o menino foi fazer a entrevista, perguntaram: "que animal você seria?" Respondeu: "águia", e o candidato do lado, "formiga". Adivinha qual foi contratado?

Formiga. Acho até que ele foi meio audacioso. Se o terceiro tivesse falado ameba, tinha sido contratado.

O cliente tinha uma águia na empresa distribuidora de água mineral, o que aconteceu? Começou a perder clientes. Nós vivemos em um país em que o símbolo é um papagaio, Zé Carioca. Um malandro, não faz nada, bem esperto, passa todo mundo para trás. Compra qualquer revistinha dele na banca e você verá. Até hoje o arquétipo do Zé Carioca é esse aí. Isso foi trazido para o Brasil, em 1942, e não foi nenhum brasileiro que criou isso. Mas os brasileiros aceitaram essa simbologia. E usam bastante. Arara, papagaio e seus correlatos.

O que vocês acham que pode acontecer com alguém que use papagaio como simbologia? É o país inteiro desse jeito. Onde tem dopamina? Não tem. Com Papagaio não tem dopamina. Se o nosso amigo coloca um símbolo de águia, adivinha, um papagaio quando vê uma águia, o que sente? Já foram feitas experiências, de se pegar um bando de patos em um cercadinho, ou ganso, e colocar uma águia de madeira, uma estátua de águia perto deles. Assim que eles viram a estátua, entraram em pânico. A estátua, nem viram o original voando. A estátua!

Agora veja bem, o Antônio Damásio, que é um excepcional neurologista, diz no livro dele o seguinte: "os patos, só de verem o formato das asas da águia, eles morrem de medo, eles correm." Perguntinha: ele é um neurologista superfamoso, deste paradigma vigente, como é que fica esta afirmação dentro da Ciência atual, esta vigente? Como é que fica? O formato da asa da águia é um arquétipo, o pato quando vê isso corre. Como "passou batida" essa colocação, não é? Como que vai ajeitar essa afirmação nesse livro? É claro, quem levantou essa lebre no mundo? Ninguém, nunca. "Passam batidas" essas coisas. Mas como é que um neurologista fala um negócio desses, se ele está no paradigma vigente. Onde é que fica Jung nisso? Como que você pega Jung e põe dentro das Universidades? Como? Que partes dele, não é verdade? “Ah, claro, as teses psicológicas do Jung nós podemos assimilar.” Fora isso, tem mais 21 volumes.

Então, veja que a realidade se impõe, por isso, em um descuido, ele está escrevendo, ele fala um fato. Agora, como é que o pato sabe que aquilo é um arquétipo? Como ele sabe que aquele formato é um perigo para ele? Porque arquétipo é preexistente a tudo.

O formato da águia existe antes que o Universo fosse criado.

É por isso que um patinho que acabou de nascer do ovo olha para cima e fica estarrecido. Qual é a experiência que o pato tem, qual é o trauma que o pato tem com águias, falcões, gaviões etc., para morrer de medo assim que vê o formato arquetípico? Ele nunca viu, ele acabou de nascer, está lá, ciscando alegremente, nunca viu águia na vida, mas só de ver o formato ele corre. Perceberam? Agora, nós estamos falando de patos supostamente inconscientes, animais. Se pato corre de arquétipo, imagine o quanto nós podemos ser manipulados usando certa simbologia. É por isso que vale uma fortuna um logotipo.

Vamos voltar aos relacionamentos. Ser humano é assim. O sujeito mora em um condomínio, tem lá vários prédios, tem uma moça em que ele está interessado. Então, ele passa a conversar com ela e a convida para ir comer um pastel na feira, tomar um café. Durante quatro anos, e nada de resultado, ele não consegue nada. Até que um dia, sabendo ou não sabendo – não importa se ele conhece o assunto ou não conhece, mas ele acertou, empiricamente, ele acertou –, ele ligou de noite e falou assim: "vou viajar." Ponto. Viagem é fortíssimo. Têm coisas que não se pode usar antes do tempo, viagem é fortíssimo.

Ela responde: "espera aí que eu vou tomar chá com você!" Aí, ela vai tomar chá na casa dele, abre a porta, entra e ele nem tranca a porta – o depoimento que eu tive foi esse – ele nem teve tempo de fechar a porta.

Agora, imagine. Quatro anos seguidos, ele tentando e nada. Ele pega e fala "viagem", fim, conseguiu o que queria, e não aconteceu mais nada, ficou nisso. Mas bastou falar "viagem", ela teve um impulso irresistível de ir até o apartamento. E se você perguntar: "mas você não sabia o que ia acontecer?" Não. Aí, entra a parte objetiva que racionaliza tudo, mas o inconsciente que foi comandado, que recebeu o estímulo, está levando a pessoa a se comportar assim. Uma palavra.

Veja, tem uma coisa, uma história, que é mortal, mas NÃO SE DEVE USAR ANTES DO TEMPO. E como se eu não falasse nada, tem gente que vai sair daqui e vai usar. Se você usar essa história que eu vou contar, a pessoa não o larga mais, de jeito nenhum, levará meses. Um aluno fez isso só para testar, depois ficou quatro meses para se livrar da moça. Já avisei.

A história é a seguinte: você está no metrô e tem um rapaz que olha uma moça, a moça que olha o rapaz e vice-versa. Chega à estação, a porta abre, ela levanta e vai embora. Ponto-final. Troca de assunto, fala de cinema, fala de qualquer coisa; você tem que inserir a história no meio de outra conversa. Então, você tem um monte de assuntos banais, aí insere essa história e volta para a banalidade, pronto. Ele escutou a conversa, ou ela. É irresistível. É preciso muito cuidado quando se usa isso. Mas o que a história está passando: a oportunidade. A história está dizendo que a oportunidade, às vezes, passa. A oportunidade passou na sua frente e você não pegou, a moça olhou, ele olhou, olhou, olhou, mas o sujeito não fez nada, abriu à porta do metrô, ela foi embora e acabou. E no metrô é muito complicado. Você achar que vai encontrar de novo, se você vai à mesma estação, na mesma hora, no mesmo vagão, se acha que o outro ficou tão impressionado com você para fazer isso. Só se você tivesse tido uma conversa, encadeado o futuro encontro, aí sim, você forçaria esse tipo de reação, caso contrário, nunca mais você o verá. Então, a oportunidade, às vezes, passa pela nossa porta e nós a ignoramos. Isso gera no seu inconsciente um desespero, literalmente, de não perder a oportunidade.

Agora, veja bem, é uma historinha que até hoje ninguém sabia. Chegará uma hora que não adiantará contar essa história, que assim que você começar a falar a pessoa vai falar: "bom, já sei, e ela desceu pela porta."

Teremos que encontrar outra história. Aquele que fala primeiro é o que vai encadear o comando do jogo, esse é o que lidera o jogo. Então, quando tem lá os quinze segundos, quinze minutos, quem sai falando primeiro e já vai colocando os arquétipos e as histórias, leva uma vantagem tremenda. Se o outro falar primeiro e você escutar e você não tem alternativa, escutou, ele já tomou a vantagem. Você precisa conhecer muito bem o assunto para retomar a história, anular, empatar ou já fazer um contra-ataque, pois você terá que assumir o comando do relacionamento. E isso, nos primeiros minutos de conversa. É por isso que é preciso entender esse assunto.

Você encontra uma pessoa, em questão de dois, três minutos e fala: "você não sabe o que eu vi outro dia no metrô, tinha um rapaz e uma moça e..." Acabou. A pessoa pode fazer isso com você em dois, três, cinco minutos de conversa. Ou "tive um sonho" etc., não importa o contexto, importa a história. Colocada, acabou em questão de três minutos, dois, trinta segundos.

Veja bem, quanto mais você conhece, mais defesa você tem, assim quando a pessoa começar com um assunto e for caminhando em uma direção que você conhece, você precisa trocar o assunto e inverter a história.

Não adianta ignorar. Veja, é o neocórtex que sabe que é assim. Ignorar, racionalmente, o que o outro está falando, mas e o seu subconsciente? E o seu inconsciente? Eles já captaram, já fabricaram tudo, quer você queira, quer você não queira. Não tem alternativa. Você não pode é deixar a conversa continuar.

Por exemplo, se alguém um dia começar a contar essa história para você e você achar que deve deixar o assunto – ou se você achar que deve cortar – diga: "eu sei, esse caso deu divórcio cinco anos depois." Entenderam? Você já matou a história que o outro está contando, viu? "É verdade, teve a continuação desta história e depois de três anos teve um divórcio"; pronto, matou. Mas isso é em tempo real, essa história todo mundo já sabe. Já sabe o que é necessário falar para anular.

Agora, no mundo real as possibilidades são literalmente infinitas. Então, jogo é jogo. O que acontece? É, para jogar precisa gostar de jogar, aí é que está. Se a pessoa não gosta de jogar, ela não consegue entender o assunto, não consegue aplicar, ela não vê divertimento nisso, ela não vê estímulo.

Essa forma de agir seria somente na conquista ou é *ad aeternum* no relacionamento?

Imagina que depois, no relacionamento, fique aquela pasmaceira. Se parar de falar os arquétipos, para de produzir a serotonina, vai quebrar a fórmula.

Crítica, discussão, cobrança, começa a fazer isso, rapidamente acaba. E mais fácil ainda: pegue um papel, escreva lá dez linhas, em seis linhas coloque assim "eu e fulano de tal estamos separados, foi tudo bem, em paz, harmonia, ele está feliz, eu estou feliz, tudo do lado positivo da força." Pegue essa fórmula, leia uma vez ao dia, sozinha (ou sozinho) e veja o que vai acontecer. No máximo em dois meses, acabou. Na realidade é muito menos tempo, é uma semana ou duas. Faça uma afirmação dessas.

A consciência cria a realidade, com aquilo que você deseja que se torne real, quer você queira, quer você não queira, quer entenda, quer acredite, não importa. Você cria a realidade o tempo inteiro. Então, se você pega uma frase dessas e lê, acabou, fim. Quando você lê algo assim, você já quebrou toda a química que existia dentro de você. E você está mandando um comando para o outro. Você já está cortando toda a química, toda a ligação que tem. Fim.

Desfazer é facilíssimo, claro, sempre destruir é mais fácil, dá menos trabalho, desfazer é banal, do mesmo jeito que se desfaz dá para atrair. Pegue um papel, escreva "eu estou atraindo a pessoa assim, assim, assim" – coloque todos os dados que você quer, descreve lá a pessoa que você quer – leia isso todos os dias e veja o que vai acontecer. É a mesma coisa que você começar a visualizar, desejar, só que você especificou uma fórmula: "eu quero uma pessoa, cor, raça, cultura, dinheiro etc."

A pessoa colocou o código do produto usado em aviação, oito anos depois está sendo usado em aviação. Isso funciona para colocar um produto no mercado e funciona para arrumar namorado, tanto faz. Tudo o que você emana, volta.

Agora atente para o detalhe, o que o Universo fará? Ele trará exatamente aquilo que você escreveu no papel, lembra? Se você manda 90.5 MHZ, volta CBN, se você manda

94.7 MHZ, volta Antena 1. Exatamente aquilo que você escreveu no papel virá!

Bom, agora temos um problema, uma página não dá. Atente para o detalhe que nem duzentas páginas de caderno serão suficientes para você definir todas as variáveis, porque o ser humano é complexo. A variável que você deixar em aberto ou se esquecer de escrever, virá o que tiver. Vai preencher tudo aquilo que você pediu e o resto, o resto não interessa, serve qualquer coisa, você não especificou.

Poderia colocar duzentas páginas? Pode fazer quatrocentas páginas. Pode o que você quiser, sem problemas. Agora imagine assim: a moça escreveu: "eu quero um rapaz sem mãe, para não ter sogra", veio um rapaz que o pai tinha se casado novamente, portanto, de um jeito ou de outro, teria sogra. Ela não especificou isso, ela deixou em aberto, e veio o quê?

Veja bem, qual seria a solução? "Estou atraindo a pessoa ideal do ponto de vista físico, mental, emocional, financeiro, intelectual etc."

Ponto. Fim, só isso. Agora, para o ser humano é complicado, sabe por quê? Porque isso é a mesma coisa que assinar um cheque em branco. O Universo é quem vai achar a pessoa que ele considera que é o ideal e colocará na sua vida. Nós podemos até fazer isso, mas aí, quando bate na nossa porta e aparece a pessoa que nós pedimos, que o Universo achou que era ideal e pôs na nossa frente, aí você fala: "não, esse não serve, porque é baixo, é alto, é gordo, é magro, é isso, é aquilo, não serve." Manda embora. Aí traz outro, manda embora, traz outro, manda embora e, daqui a pouco não vem mais ninguém porque na dúvida vai fornecer o quê? Se você pede, ele manda, pede, manda, manda, manda, e todo mundo é rejeitado, chega uma hora em que não manda mais nada. Vamos aguardar se a pessoa sabe o que quer, não é verdade? Essa é a grande questão. É o que é. É o paradigma; isso também é o paradigma, também é Mecânica Quântica. Quando nós queremos "forçar a barra" em uma coisa, o que é isso? É um grande paradigma antigo.

Em energia – tudo é energia – existe em conceito: carga positiva, carga negativa, YIN/YANG. Essa é outra razão dos relacionamentos estarem nessa confusão total. Por quê?

Porque não existe paridade, não existe equidade, só tem chance de dar certo um relacionamento em que não haja mais de dois pontos de diferença entre os dois.

Se você pegar uma pessoa e analisá-la, classificá-la em trabalho, saúde, emocional, mental etc. e der uma pontuação para cada tópico desses, de um a dez, depois soma tudo, divide e encontre uma média, você chegará a um número. E no outro, faz a mesma coisa. É muito difícil a própria pessoa fazer isso, porque ela está inserida no contexto, então qual é a sua nota? Mas se isso for feito racionalmente, você terá, por exemplo, um número cinco e um sete para o outro; seis para cinco; quatro para três; sete para oito; nove para sete. Até aí, há uma chance de funcionar, tipo sete / nove; cinco / sete; quatro / seis. Dois pontos mais que isso, esquece, é literalmente impossível dar certo, como relacionamento. Um caso de um dia, sem problemas, mas relacionamento é inviável.

Um alto executivo vai a um *shopping* tomar um café, tem a balconista da lanchonete que ganha R$800,00, no máximo, ele tem "não sei quantos" *PhDs*, *MBAs*. Como é que faz? Os dois se olham, há atração sexual, ele pode pegar a moça e levar para a mamãe conhecê-la?

É difícil. Sabe aquele filme antigo que você tem que pegar a pessoa e transformá-la, educá-la etc.? Não aposta nessa, que é a exceção da regra. O que se vai conversar com essa pessoa? Este é o problema.

Então, quando no início deste capítulo comecei falando que você tem posição e momento, é isso, dá certo por um tempo. A vida de um casal tem várias áreas. Tem a vida social, sexual, familiar, profissional etc. Nunca é uma coisa só. Como é que faz para poder trocar uma ideia, com alguém que está 4,5 pontos diferentes de você? Nós estamos falando de tudo, pega o homem e classifica o sujeito, dá uma pontuação de um a dez em todas as áreas da vida dele. Este, fisicamente, de um a dez, quanto ele é mentalmente, intelectualmente, espiritualmente, comercialmente, tudo. Soma tudo isso, divide pelo número de área e você achou uma média. O sujeito, digamos, sexualmente, pode ser oito, intelectualmente três; ele pega a balconista da loja que sexualmente é nove, intelectualmente é um.

Imagine que aquilo, com certeza, dá um caso, mas não tem chance de dar um relacionamento, porque a diferença intelectual entre os dois é demasiada. Ele não tem como conversar, é um complicador enorme. Ele vai ter que pegar essa pessoa... Tem aquele filme, *Pigmalião* – (1960), a pessoa pega uma moça simples, aparece no mercado de Londres, e começa a instruí-la, a educá-la; ele vai ensinar a ler, escrever, literatura, ópera, e o que acontece? Vamos voltar lá, o que acontece com o Yin e o Yang? O Yang é puro cérebro esquerdo, o Yin tem o cérebro direito funcionando. Ele tem o esquerdo e direito funcionando e isso já é um complicador gigantesco. Por isso é muito mais fácil você passar um assunto para uma plateia feminina do que para a masculina. Você vai passar um conceito abstrato como a Mecânica Quântica, coisas ultrapoderosas. É difícil porque você precisa expandir; você tem que estar com o lado Yang muito próximo puxando o lado Yin para você ficar equilibrado. Yin/Yang equilibrado, isso é o ideal. Você tem uma mulher que tem Yin/Yang, você tem um homem que tem Yin/Yang equilibrado, 50% cada lado, aí a chance é grande.

Essa é a tendência no futuro, mas sabe-se lá quando vai acontecer. No futuro, daqui a 1.000 anos, quem sabe nós tenhamos uma sociedade que tenha esse tipo de equilíbrio, aí os relacionamentos darão certo fácil, mas hoje está difícil, porque o Yin/Yang não tem a menor chance de conversar. Caímos nas exceções e você não pode apostar sua vida em exceção, precisa seguir a regra científica da coisa, e aí você tem mais um problema: você tem o Yang forte e fraco, desequilibrados.

Vejamos. Temos um homem, ele é Yang por natureza por ter a carga positiva. Ele é um Yang fraco. Ele não tem sucesso, não consegue trabalhar, não ganha dinheiro, não estuda, não progride etc., e está com uma mulher que é forte, um Yin forte, que o carrega nas costas. Como é que faz? Vai dar certo isso? Como relacionamento não tem a menor chance de isso funcionar e vice-versa. A mesma coisa para um Yang muito forte, um Yin fraco, que é esse caso. Você pega a balconista de uma loja e um superexecutivo, como é que isso vai dar? Não dá. Para gerar amor, lembra? Precisa ter conversa, precisa ter papo, muito papo, muito, um mês, dois, três, seis, dez, quinze meses, seja lá quanto tempo for, até que gere. Enquanto não gerar, não pode parar de conversar.

Atente para um detalhe – não sei se a "ficha caiu" – é só conversar; só conversar. Não pode pôr a mão, não pode beijar. Imagine, eu já sei que quando eu terminar aqui vão dizer: "esse método é impossível de ser aplicado." Então, o que acontece? Fica do jeito que está, fica tudo eventual. Vai ficando, eventualmente, literalmente ficando, eventualmente, e pronto, e tudo certo.

Agora imagine que situação: você precisa conversar. Você conheceu a moça (ou o cara), a diferença intelectual é de oito pontos, e como é que faz? Vamos sentar e conversar:

– Hoje choveu, está quente.

– Está quente.

– O Corinthians ganhou.

– Ganhou.

– Estreou um filme novo, *Homem de Ferro 2*.

– Estreou?

Agora, o que você fala? Você imagina que um sujeito altamente intelectualizado terá que aguentar conversar dessas coisas? As novelas, os programas de televisão, certo? Essas coisas todas, o sujeito terá que conversar disso aí meia hora, uma hora, duas horas, quatro horas. "Vamos marcar outra vez." "Vamos começar de novo", uma semana, dois meses, seis meses – não pôs a mão ainda, não pode botar a mão – está conversando, está gerando a bioquímica. Você acha que, depois de cinco mil horas disso, surgiu algum sentimento entre os dois? Porque eles vão conversar do quê? "Vamos falar de cosméticos?", "não, de novela, de filme, de roupa, de sapato e tal." Embute os arquétipos, embute em umas historinhas. E ele começa a criar um sentimento nela, uma estimulação, o "cara" conhece. O cérebro dele é grande, ele está criando, e depois de três dias a moça já está desesperada por ele, e não pode pôr a mão e ele não sente absolutamente nada. Por quê? Que tipo de história ela pode contar para ele que gere a dopamina, serotonina, endorfina nele?

Esse caso tem dois caminhos neurais, um para a esquerda, outro para a direita. Se você conduzir a conversa para o lado sexual você vai fazer o cérebro virar para outro lado, o caminho neural será outro, acabou. Não terá sentimento. Para criar sentimento, você tem que virar o caminho neural para o outro lado e manter toda a conversa, o tempo todo, para gerar o sentimento, para depois ter sexo. Se cair em uma conversa de arquétipos sexuais, fim. Os motéis estão lotados de casamentos.

Isso é tomografia, escaneamento cerebral em tempo real, *Pet Scan*. Quando se fala que foi feito um estudo científico disto, é assim que se faz em uma Universidade. Pegaram um cérebro de um indivíduo, começam a conversar e medem o que está acontecendo na cabeça dele. Então, quando começa a conversa, sexualmente o caminho neural – as redes de neurônios, estradas dentro do cérebro – sai para um lado e vai gerar sexo e rápido. Rápido, em dez minutos, se você começar o papo já incluindo arquétipos sexuais.

Não é isso que o povo tenta na balada? É isso, o sujeito que não tem conhecimento, ele tenta dar uma cantada na moça em dez minutos ou cinco ou trinta segundos. Onde ficou o cavalheirismo? Onde ficou a corte? No lixo, certo? Porque o negócio é só isso. Agora isso vai dar o quê? Vai dar romance, vai dar casamento, vai dar alguma coisa? Sabe o que o cara vai falar? "Essa mulher não serve para ser a mãe dos meus filhos." Infelizmente, é essa a visão que se tem. Se ela transar de imediato, não serve porque, por lógica Aristotélica, ela faz isso com todo mundo e, portanto, eu não quero para mãe dos meus filhos uma pessoa assim.

Eu ouço centenas de depoimentos. Eu sei como é a realidade nua e crua da população hoje. Devido ao Princípio de Equidade, se a mulher é forte (é um Yin forte), ela identifica um Yang fraco e precisa ter alguém de qualquer jeito, ela precisa baixar o nível da interação que ela tem para poder gerar a conversa. É o que expliquei, vai conversar do quê? Então, ela precisa baixar o nível da conversa para poder dar papo. Para poder dar um relacionamento, casamento. Mas aquilo está "capenga", é tudo de qualquer jeito e não tem segurança nenhuma.

Esse é o problema que se vê, tudo desbalanceado hoje em dia, porque se você acha que é por acaso, que temos esta situação no mundo hoje, desse tipo: os homens "só cérebro esquerdo", portanto facilmente manipuláveis – toda a criatividade entra pelo hemisfério direito, as mulheres têm os dois funcionando de nascença – por que não se faz um trabalho, não se expande? Não se abre o hemisfério direito dos homens para poder ter relacionamentos que deem certo? Vocês já imaginaram o dia em que isso acontecer? No dia que isso acontecer, que os homens passarão a entender de Mecânica Quântica, eles vão entender do abstrato, do oculto, de onda e quando entenderem de onda, o mundo muda. Tudo no mundo muda. Tudo, economia, política, social. Tudo vai mudar no dia em que se entender que átomo vibra e que não é bola de bilhar. Não é. Por isso, acha-se que: "não, a sociedade é assim mesmo. As mulheres são assim, os homens são assim e fim."

Não é assim, isso são projetos sociológicos. Abraham Maslow. Pesquise sobre a escala de necessidades do Maslow. Isso tudo é montado. É mantido assim porque senão na escola pegariam os homens com três, quatro, cinco anos de idade e já colocariam toda uma metodologia para expandir o hemisfério direito dele, para ele raciocinar e pensar holisticamente, mas enquanto não for feito isso, vai ficar essa dificuldade toda – isso falando em termos de Maslow. É muito interessante, porque o sistema não vai mudar nunca, enquanto tiver essa tensão entre homens e mulheres, entre casais. Não vai haver salto, porque está parado no segundo degrau. Você nunca vai pular para o terceiro degrau, que é o poder, nem para o quarto, que é o autoconhecimento, nem para o quinto, que é a espiritualidade. Você fica parado no segundo, enquanto não resolver isso. É a única coisa que se pensa, é a única coisa que é foco. É a única coisa que importa no mundo, certo? É relacionamento. Então, isso resolvido, pronto.

Mas isso não vai ser resolvido, porque não existe paridade, nós temos essa equidade, está totalmente desbalanceada, é preciso achar um ponto de equilíbrio, achar um meio termo, ter Yin forte e ter Yang forte. Yang forte significa o sujeito ter elevadíssima autoestima, elevadíssima autoconfiança. Agora, se você tem grande quantidade desses homens em uma sociedade, como é que fica este planeta? Tem que mudar, não é verdade? É por isso que não existem Yangs dessa forma, porque se tiver esses Yangs em grande quantidade, tudo terá que mudar e – você já sabe – uma coisa está entrelaçada na outra e nós aqui embaixo, os pobres mortais, ficamos com essa problemática na mão. Como é que nós achamos alguém? Então lá em cima, sociologicamente falando, o negócio está dando tudo certo, o mundo do jeito que está hoje, para o *status quo*, está perfeito.

Você sabe quando vai entender Mecânica Quântica, desse jeito? Jamais, porque o problema único e exclusivo que existe são os relacionamentos. Fome, sobrevivência pessoal, sexo da espécie, poder, autoconhecimento e espiritualidade. Toda a classe média está parada no segundo degrau. Toda. Os pobres estão parados no primeiro, comer. Tem meia dúzia no terceiro degrau. Sabe quando é que a pessoa pula para o terceiro degrau? Só se ela resolver o segundo degrau, porque não há saltos desse tipo, é uma evolução normal, saltos desse tipo são uma exceção.

Se há algo que é altamente importante em termos sociais do planeta, seria trabalhar para os relacionamentos funcionarem, darem certo, como os bonobos, um tipo de chipanzé. Tem chipanzé normal e tem uma subespécie chamada bonobo, que são mais altos e têm pernas longas, braços longos, andam em pé, são corteses, amáveis e não fazem guerra. Quando os bonobos têm alguma tensão no grupo, adivinha o que eles fazem? Sexo. Os chipanzés, quando tem tensão, atacam o outro grupo, matam e comem. Agora, você acha que os humanos estão mais para que lado? Para chimpanzés ou para bonobos?

Chimpanzé. Veja aquilo que expliquei, você escreve no caderno: "estou atraindo uma pessoa assim, assim, assim, assada." É a mesma coisa que, teoricamente, se faz em um *site* de relacionamentos. Há um banco de dados com todas as características da pessoa. É que você olha lá e vê se o cara torce pelo time tal, a formação dele, vê se "bate" com o que lhe interessa e sai para conversar. Isso é empírico e custa muito porque você já imaginou quanto tempo levará para você achar alguém dessa maneira? Cai na mesma situação. Você escreve duzentas páginas e ainda vem faltando alguma coisa que você não escreveu. É muito caro, o tempo é curto, você não pode fazer trezentas tentativas na vida, é muito caro. Você faz uma, seis meses, não deu certo; três meses, não deu certo; quatro anos, não deu certo; cinco anos, não deu certo; acabou, acabou. Então, precisa encurtar isso aí, e encurtar isso aí é fácil: você conversa, vê se está no princípio de equidade, quantos pontos tem de diferença, aí dá para trabalhar.

Usando toda essa tecnologia que eu expliquei, de conversar e gerar um sentimento, criar um sentimento, estará bem encaminhado.

Esta obra foi composta em Sabon LT Std e impressa sob demanda em sistema digital. Corresponde ao consumo de 0,1 árvore reflorestada sob a norma ISO 14.001. Recicle Sempre.

Made in United States
Orlando, FL
20 February 2025

58730454R00036